AF348866
CALIGRAFÍA
PARA NIÑOS

Caligrafía Para Niños: Primeros Pasos en Escritura Creativa

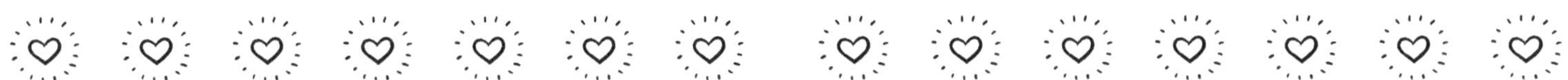

¡Bienvenidos al emocionante mundo de la caligrafía! En este cuaderno didáctico, los niños de 4 a 8 años descubrirán el placer de escribir a mano. Con actividades divertidas , cada página es una aventura que invita a explorar el alfabeto, formar letras y crear palabras mágicas.

Desde trazos simples hasta palabras completas, este libro es un viaje a través del arte de la escritura. Los pequeños artistas aprenderán a expresarse con belleza y precisión, desarrollando su estilo único y confianza en cada letra que dibujan.

Inspirados en temas que despiertan la curiosidad infantil, los ejercicios están diseñados para fortalecer la motricidad fina y la coordinación ojo-mano. Además, páginas especiales permiten a los niños mostrar su creatividad escribiendo sus propias historias e ilustraciones.

Con guías paso a paso y ejemplos claros, Caligrafía Para Niños es el compañero perfecto para las primeras letras, las primeras palabras y los primeros pasos en el camino de la comunicación escrita. ¡Es hora de tomar el lápiz y descubrir el gozo de la caligrafía!

Tus Primeros Trazos y Formas

¡Hola, pequeño artista! ¿Listo para dibujar líneas rectas como soldados y curvas como olas del mar? En estas páginas, jugaremos con tu lápiz para aprender los trazos básicos de las letras.

Practica hacer líneas y círculos, y mira cómo tu mano y tu lápiz se vuelven amigos. Si algo no sale bien, ¡no pasa nada! Puedes borrar y probar otra vez.

¡Agarra tu lápiz y empecemos a divertirnos dibujando!

VAMOS A TRAZAR

VAMOS A TRAZAR

VAMOS A TRAZAR

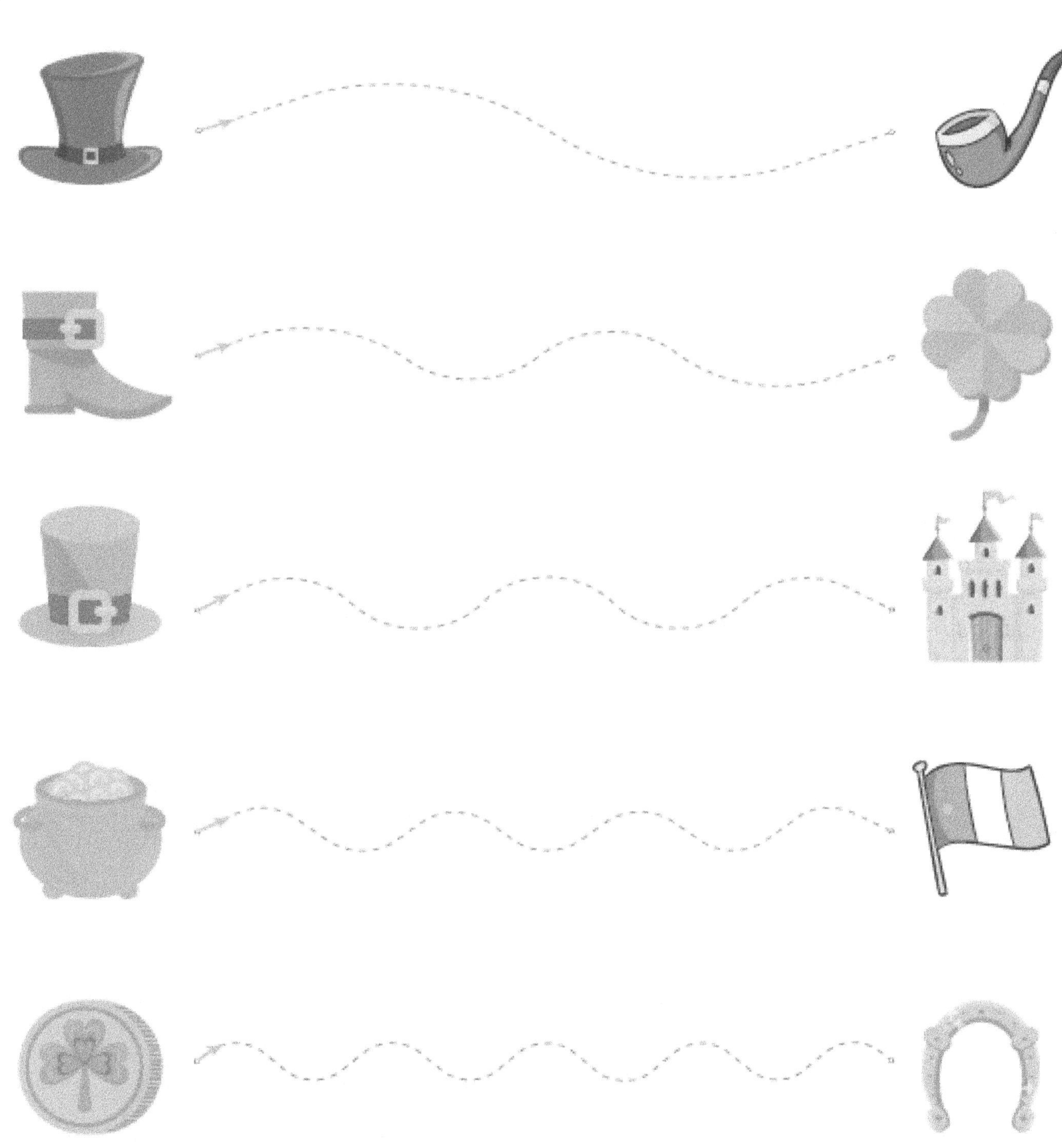

VAMOS A TRAZAR

VAMOS A TRAZAR

VAMOS A TRAZAR

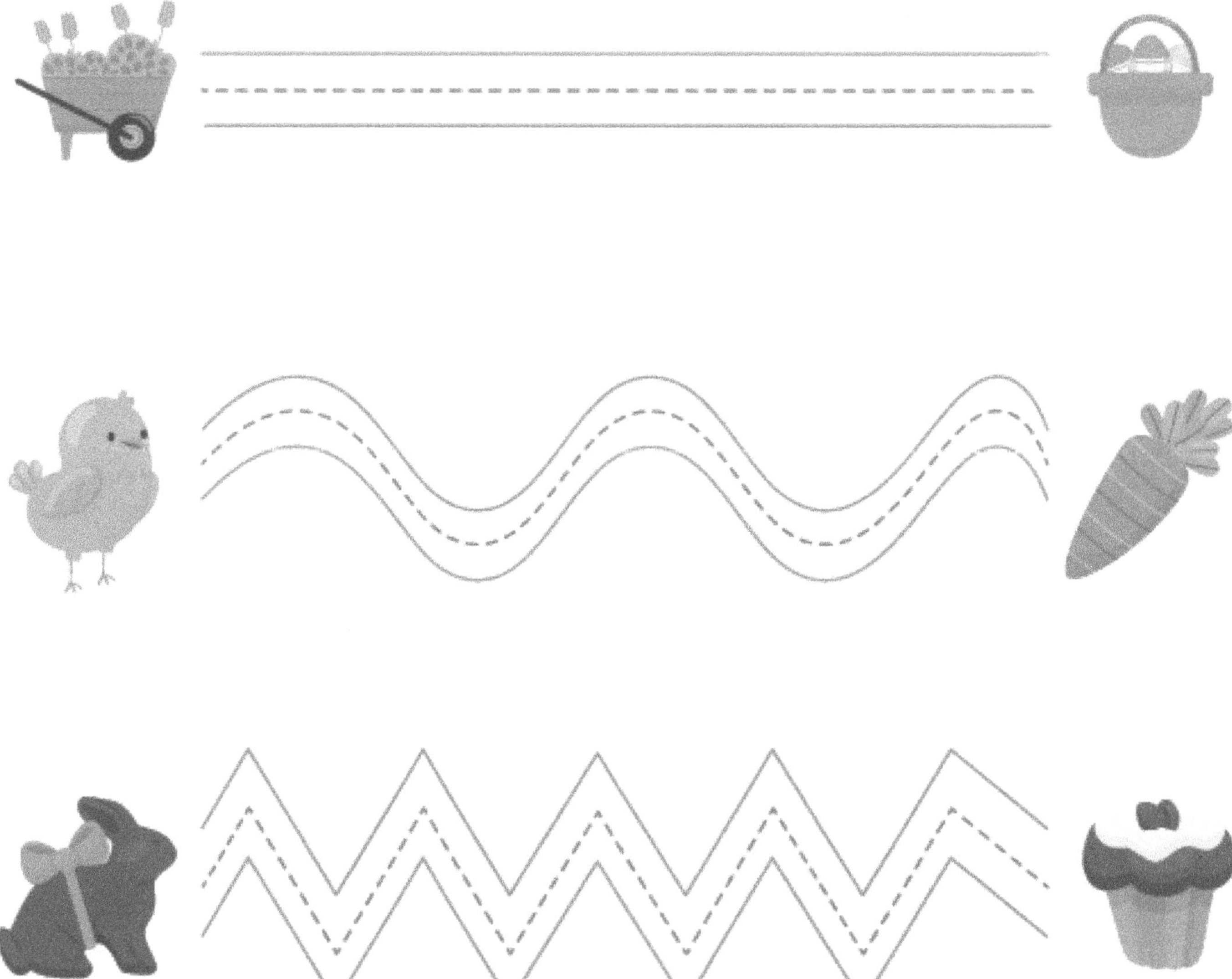

Después de Dibujar Líneas y Círculos

¡Has hecho un gran trabajo con tus líneas y círculos! Ahora, usemos esas formas para crear letras. Cada letra es como un pequeño rompecabezas que puedes armar.

Primero, traza las letras. Luego, intenta escribirlas tú mismo. ¡No importa si no son perfectas al principio!

Y para más diversión, ¡colorea tus letras! Hazlas brillar con tus colores favoritos.

¡Sigue practicando y pronto serás un experto en el alfabeto!

A es para Avión

A

A

A

a

a

a

Avión

Avión

B es para Balón

B

B

B

b

b

b

Balón

Balón

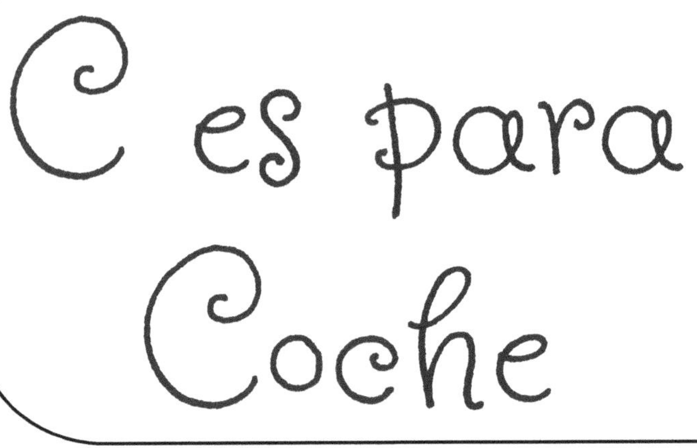

C

C

C

c

c

c

Coche

Coche

D es para Delfín

D D D D D D D D D D D D D D D

D D D D D D D D D D D D D D D

D

d d d d d d d d d d d d d d d d d d d d

d d d d d d d d d d d d d d d d d d d d

d

Delfín Delfín Delfín Delfín Delfín Delfín

Delfín

E es para Elefante

E E E E E E E E E E E E E E E E E E E E

E E E E E E E E E E E E E E E E E E E E

E

e e e e e e e e e e e e e e e e e e e e e e e e e e e e e e

e e e e e e e e e e e e e e e e e e e e e e e e e e e e e e

e

Elefante Elefante Elefante Elefante

Elefante

F es para Flor

F F F F F F F F F F F F F F F F F F F F

F F F F F F F F F F F F F F F F F F F F

F

f f f f f f f f f f f f f f f f f f f f f f f f f f f f f f f

f f f f f f f f f f f f f f f f f f f f f f f f f f f f f f f

f

Flor Flor Flor Flor Flor Flor Flor Flor

Flor

G es para Gato

G

G

G

g

g

g

Gato

Gato

H es para Helado

H H H H H H H H H H H H H H H H H H

H H H H H H H H H H H H H H H H H H

H

h h h h h h h h h h h h h h h h h h h h

h h h h h h h h h h h h h h h h h h h h

h

Helado Helado Helado Helado Helado Helado

Helado

I es para Isla

I I I I I I I I I I I I I I I I I I I I I I I I

I I I I I I I I I I I I I I I I I I I I I I I I

I

i i i i i i i i i i i i i i i i i i i i i i i i i i i i i i i

i i i i i i i i i i i i i i i i i i i i i i i i i i i i i i i

i

Isla Isla Isla Isla Isla Isla Isla Isla Isla

Isla

J es para Juego

J J J J J J J J J J J J J J J J

J J J J J J J J J J J J J J J J

J

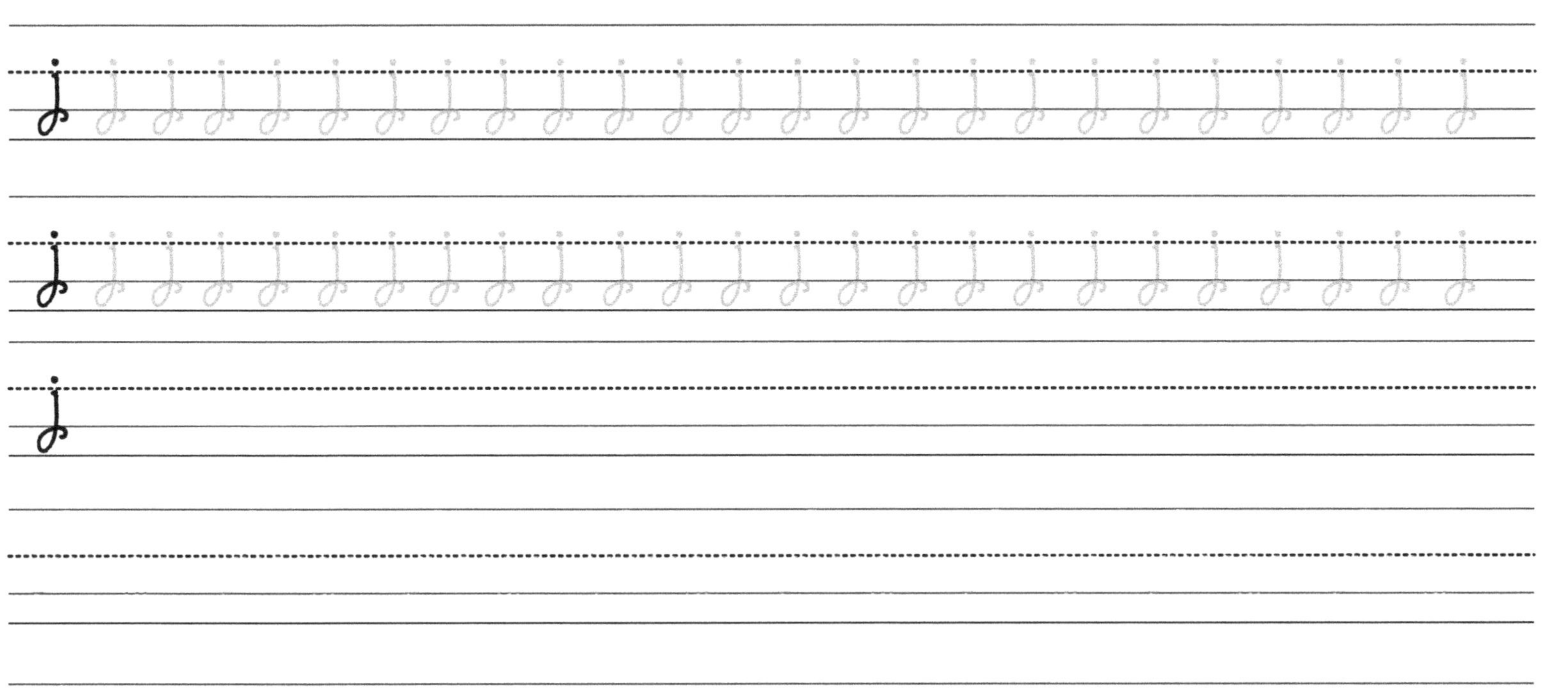

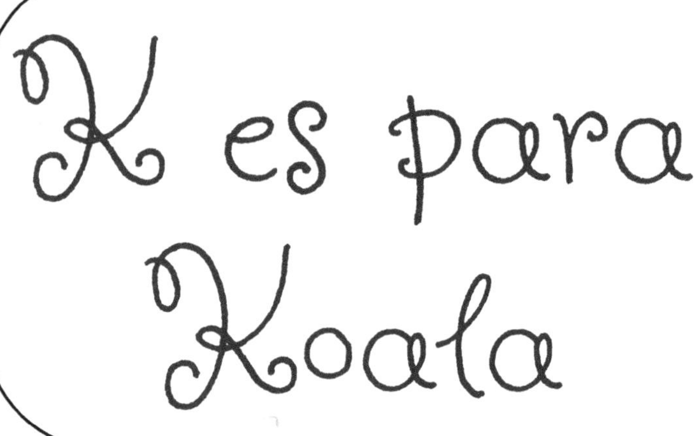

K K K K K K K K K K K K K K

K K K K K K K K K K K K K K

K

k k k k k k k k k k k k k k k k k k k k

k k k k k k k k k k k k k k k k k k k k

k

Koala Koala Koala Koala Koala Koala

Koala

L es para Luna

L L L L L L L L L L L L L L L L L L L

L L L L L L L L L L L L L L L L L L L

L

l l l l l l l l l l l l l l l l l l l l l l l l l l l l l l l

l l l l l l l l l l l l l l l l l l l l l l l l l l l l l l l

l

Luna Luna Luna Luna Luna Luna Luna

Luna

M es para Mariposa

M M M M M M M M M M M M M M

M M M M M M M M M M M M M M

M

m m m m m m m m m m m m m m m m m m m

m m m m m m m m m m m m m m m m m m m

m

Mariposa Mariposa Mariposa Mariposa

Mariposa

N es para Nube

N N N N N N N N N N N N N

N N N N N N N N N N N N N

N

n n n n n n n n n n n n n n n n n n n n n n n n

n n n n n n n n n n n n n n n n n n n n n n n n

n

Nube Nube Nube Nube Nube Nube

Nube

Ñ es para Ñandú

Ñ Ñ Ñ Ñ Ñ Ñ Ñ Ñ Ñ Ñ Ñ Ñ

Ñ Ñ Ñ Ñ Ñ Ñ Ñ Ñ Ñ Ñ Ñ Ñ

Ñ

ñ ñ ñ ñ ñ ñ ñ ñ ñ ñ ñ ñ ñ ñ ñ ñ ñ ñ ñ

ñ ñ ñ ñ ñ ñ ñ ñ ñ ñ ñ ñ ñ ñ ñ ñ ñ ñ ñ

ñ

Ñandú Ñandú Ñandú Ñandú Ñandú

Ñandú

O es para
Oso
O
O
O
o
o
o
Oso Oso Oso Oso Oso Oso Oso Oso
Oso

P es para Perro

P P P P P P P P P P P P P P

P P P P P P P P P P P P P P

P

p p p p p p p p p p p p p p p p p p p p p p p p p p p p

p p p p p p p p p p p p p p p p p p p p p p p p p p p p p

p

Perro Perro Perro Perro Perro Perro

Perro

Q es para Queso

Q Q Q Q Q Q Q Q Q Q Q Q Q Q Q Q Q Q

Q Q Q Q Q Q Q Q Q Q Q Q Q Q Q Q Q Q

Q

q q q q q q q q q q q q q q q q q q q q q q q q q q

q q q q q q q q q q q q q q q q q q q q q q q q q q

q

Queso Queso Queso Queso Queso Queso Queso

Queso

R es para Ratón

R R R R R R R R R R R R R R

R R R R R R R R R R R R R R

R

r r r r r r r r r r r r r r r r r r r r r r r r r r r r r r

r r r r r r r r r r r r r r r r r r r r r r r r r r r r r r

r

Ratón Ratón Ratón Ratón Ratón Ratón

Ratón

S es para Sol

S S S S S S S S S S S S S S S

S S S S S S S S S S S S S S S

S

Sol Sol Sol Sol Sol Sol Sol Sol Sol Sol

Sol

T es para Tigre

T T T T T T T T T T T T T T T

T T T T T T T T T T T T T T T

T

t t t t t t t t t t t t t t t t t t t t t t t t t t t t t t t

t t t t t t t t t t t t t t t t t t t t t t t t t t t t t t t

t

Tigre Tigre Tigre Tigre Tigre Tigre Tigre

Tigre

U es para Unicornio

U U U U U U U U U U U U U U U U U U U

U U U U U U U U U U U U U U U U U U U

U

u u u u u u u u u u u u u u u u u u u u u u u u u u u

u u u u u u u u u u u u u u u u u u u u u u u u u u u

u

Unicornio Unicornio Unicornio Unicornio

Unicornio

V es para Volante

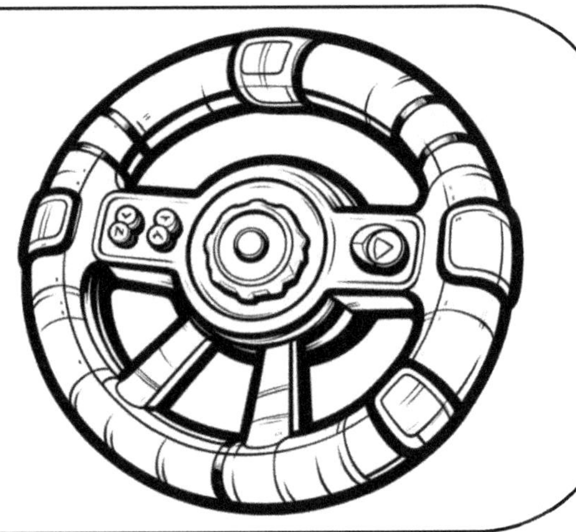

V V V V V V V V V V V V V V V V V V

V V V V V V V V V V V V V V V V V V

V

v v v v v v v v v v v v v v v v v v v v v v v

v v v v v v v v v v v v v v v v v v v v v v v

v

Volante Volante Volante Volante Volante

Volante

W W W W W W W W W W W W

W W W W W W W W W W W W

W

w w w w w w w w w w w w w w w w w w

w w w w w w w w w w w w w w w w w w

w

Western Western Western Western Western

Western

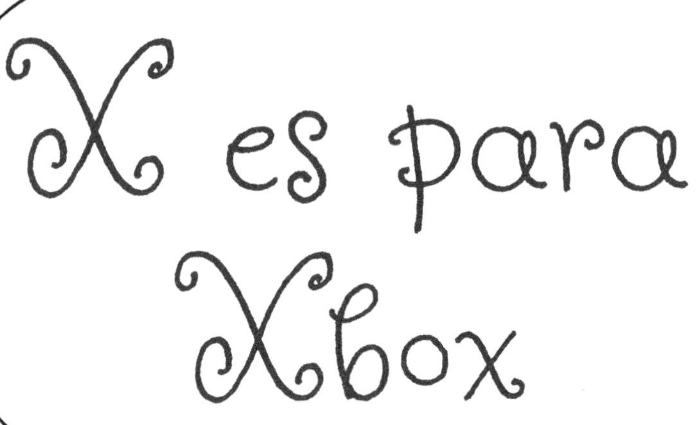

X X X X X X X X X X X X X X

X X X X X X X X X X X X X X

X

x x x x x x x x x x x x x x x x x x x x x x x x x x

x x x x x x x x x x x x x x x x x x x x x x x x x x

x

Xbox Xbox Xbox Xbox Xbox Xbox

Xbox

Y es para Yate

Y Y Y Y Y Y Y Y Y Y Y Y Y Y

Y Y Y Y Y Y Y Y Y Y Y Y Y Y

Y

y y y y y y y y y y y y y y y y y y y y

y y y y y y y y y y y y y y y y y y y y

y

Yate Yate Yate Yate Yate Yate Yate

Yate

Z es para Zapato

Z Z Z Z Z Z Z Z Z Z Z Z Z Z Z

Z Z Z Z Z Z Z Z Z Z Z Z Z Z Z

Z

z z z z z z z z z z z z z z z z z z z z

z z z z z z z z z z z z z z z z z z z z

z

Zapato Zapato Zapato Zapato Zapato

Zapato

Palabras Simples: Tus Primeros Pasos en Escritura

¡Hola, pequeño escritor! En esta parte de tu cuaderno, vas a encontrar palabras simples que usamos todos los días. Palabras como "casa", "sol" y "árbol" te esperan para que las traces con tu lápiz.

Empieza con lo Básico: Cada palabra está escrita con letras claras y grandes. Sigue las líneas con tu lápiz y verás cómo se forma cada palabra.

Reconoce y Repite: Al escribir estas palabras, no solo practicarás tu caligrafía, sino que también aprenderás a reconocerlas. Esto te ayudará a leer y a escribir mejor.

Colorea y Decora: Después de escribir las palabras, ¿por qué no les das un poco de color? Puedes colorearlas como más te guste. Esto hace que el aprendizaje sea aún más divertido.

Pequeños Desafíos: A medida que avanzas, las palabras se volverán un poco más difíciles, pero tú también estarás mejorando. ¡Es emocionante ver cómo progresas!

Recuerda, cada palabra que escribes te acerca más a ser un gran escritor. ¡Toma tu lápiz y comencemos esta aventura juntos!

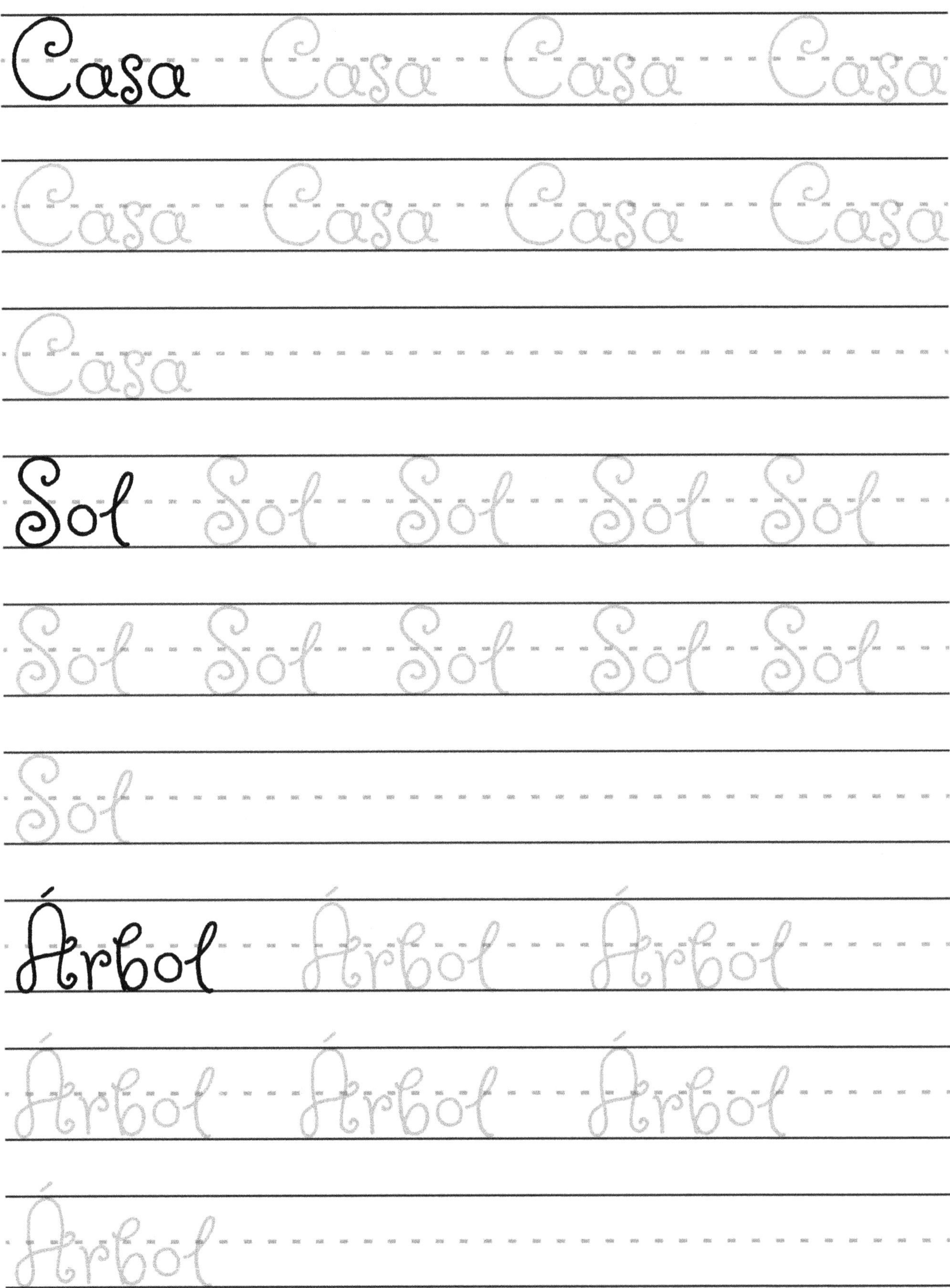
Casa Casa Casa Casa
Casa Casa Casa Casa
Casa
Sol Sol Sol Sol Sol
Sol Sol Sol Sol Sol
Sol
Árbol Árbol Árbol
Árbol Árbol Árbol
Árbol

Agua Agua Agua Agua

Agua Agua Agua Agua

Agua

Bravo Bravo Bravo

Bravo Bravo Bravo

Bravo

Amor Amor Amor

Amor Amor Amor

Amor

Estrella Estrella Estrella

Estrella Estrella Estrella

Estrella

Chocolate Chocolate

Chocolate Chocolate

Chocolate

Cumpleaños Cumpleaños

Cumpleaños Cumpleaños

Cumpleaños

Aventura Aventura

Aventura Aventura

Aventura

Estación Estación Estación

Estación Estación Estación

Estación

Familia Familia Familia

Familia Familia Familia

Familia

Maravilla Maravilla

Maravilla Maravilla

Maravilla

Caracol Caracol

Caracol Caracol

Caracol

Dinosaurio Dinosaurio

Dinosaurio Dinosaurio

Dinosaurio

Pequeñas Frases: Uniendo Palabras

¡Hola, pequeños escritores! Ya habéis aprendido a escribir muchas palabras sueltas, y ahora es el momento de unirlas para formar frases. ¿Estáis listos para este emocionante paso?

En esta sección, encontraréis frases cortas y sencillas. Cada una de ellas cuenta una pequeña historia o describe algo que podemos ver o sentir. Por ejemplo, podréis escribir "El gato duerme" o "El sol brilla".

Lee y Copia: Primero, lee cada frase. Luego, usa tu lápiz para seguirla y escribirla.

Entiende y Imagina: Mientras escribes, piensa en lo que las palabras significan. ¿Puedes imaginar al gato durmiendo o sentir el calor del sol?

Recuerda, escribir frases es como construir un puente entre las palabras, uniendo sus significados para contar algo más grande. ¡Estoy seguro de que haréis un trabajo fantástico!

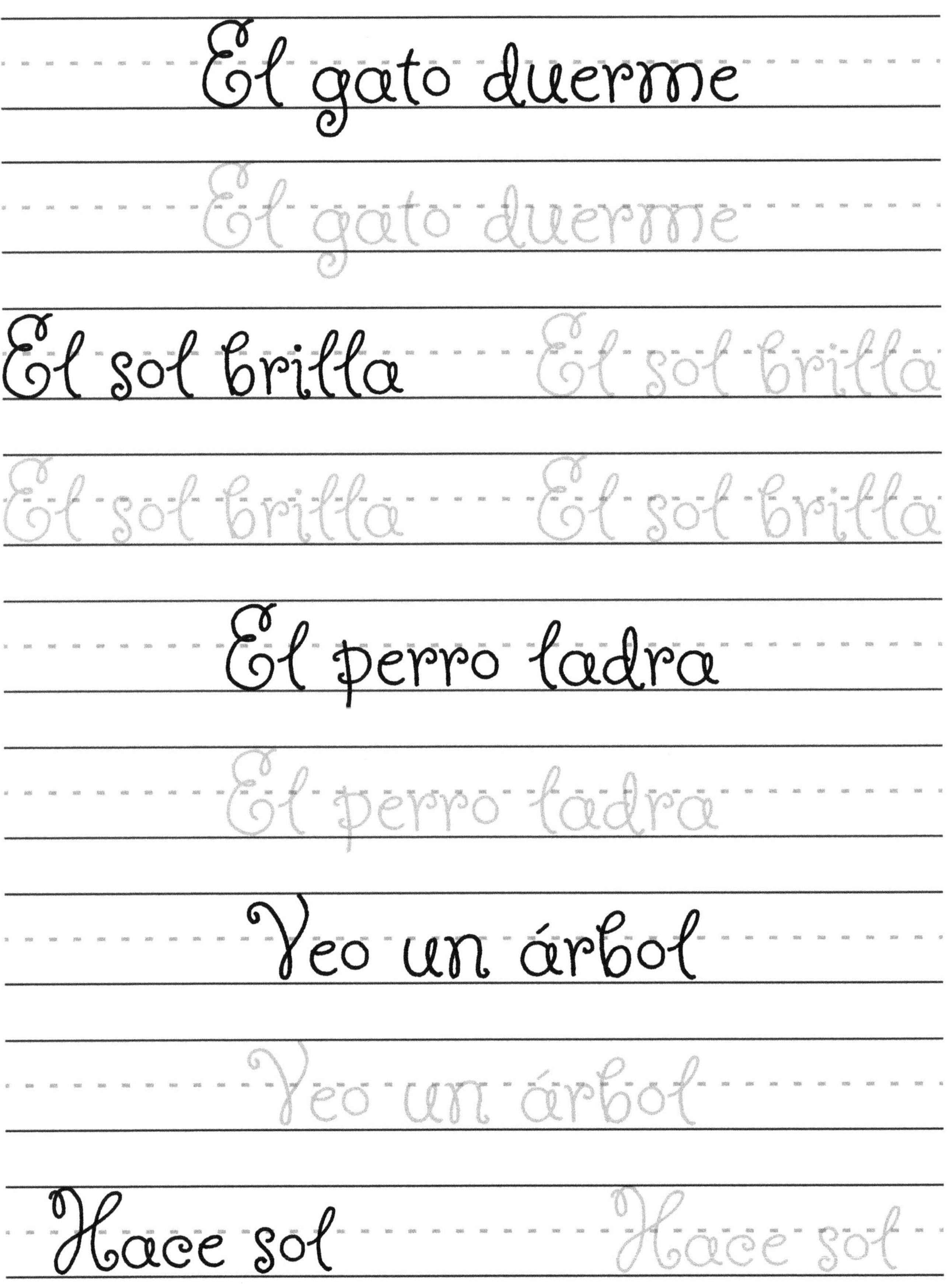
El gato duerme
El gato duerme
El sol brilla El sol brilla
El sol brilla El sol brilla
El perro ladra
El perro ladra
Veo un árbol
Veo un árbol
Hace sol Hace sol

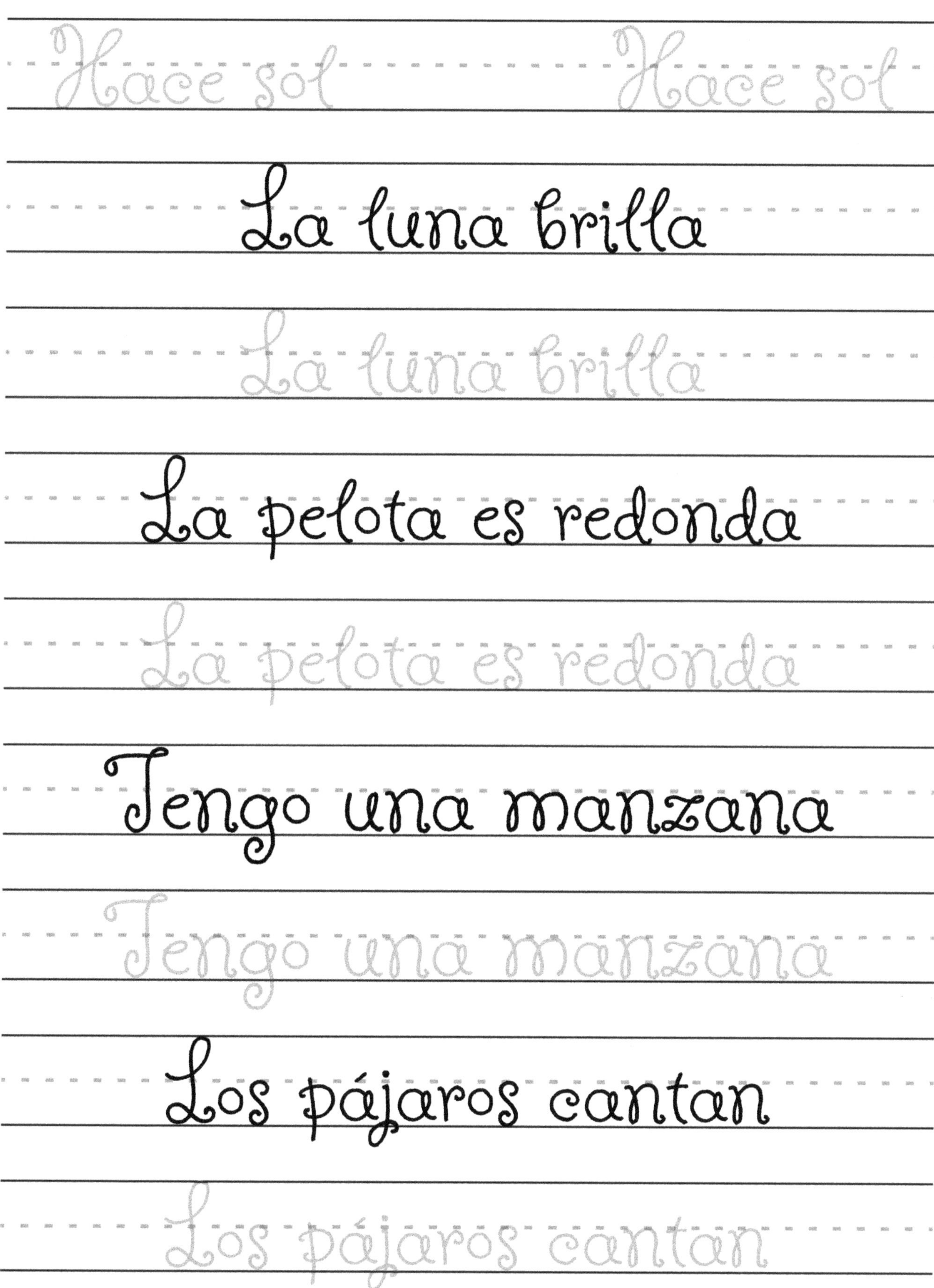
Hace sol
Hace sol
La luna brilla
La luna brilla
La pelota es redonda
La pelota es redonda
Tengo una manzana
Tengo una manzana
Los pájaros cantan
Los pájaros cantan

Mi libro es grande

Mi libro es grande

El coche es rápido

El coche es rápido

Eres valiente Eres valiente

Eres valiente Eres valiente

Cree en ti mismo

Cree en ti mismo

Tus sueños importan

Tus sueños importan

Tú eres especial

Tú eres especial

Eres fuerte Eres fuerte

Eres fuerte Eres fuerte

Tú puedes aprender

Tú puedes aprender

Sonríe más Sonríe más

Sonríe más Sonríe más

Preguntas y Respuestas: Aprendiendo a Comunicar

¡Hola, jóvenes exploradores de palabras! Después de practicar con palabras y frases, es hora de dar un paso más: aprender a hacer y responder preguntas. ¡Es una parte muy emocionante del aprendizaje del lenguaje!

En esta sección, encontraréis sencillas preguntas que podéis practicar escribiendo. Por ejemplo, "¿Cuál es tu color favorito?" o "¿Qué te gusta más, el sol o la luna?".

Practica las Preguntas: Primero, copia cada pregunta con cuidado. Piensa en lo que significa y cómo podrías responderla.

Escribe Tus Respuestas: Luego, escribe tu propia respuesta a la pregunta. Puede ser corta y sencilla, lo importante es que uses tus propias palabras.

Explora y Descubre: Al responder, descubrirás más sobre tus gustos y opiniones. Cada respuesta es una oportunidad para expresarte.

Recuerda, hacer y responder preguntas es una forma maravillosa de comunicarse y compartir ideas. ¡Estoy seguro de que disfrutarás descubriendo y escribiendo tus respuestas!

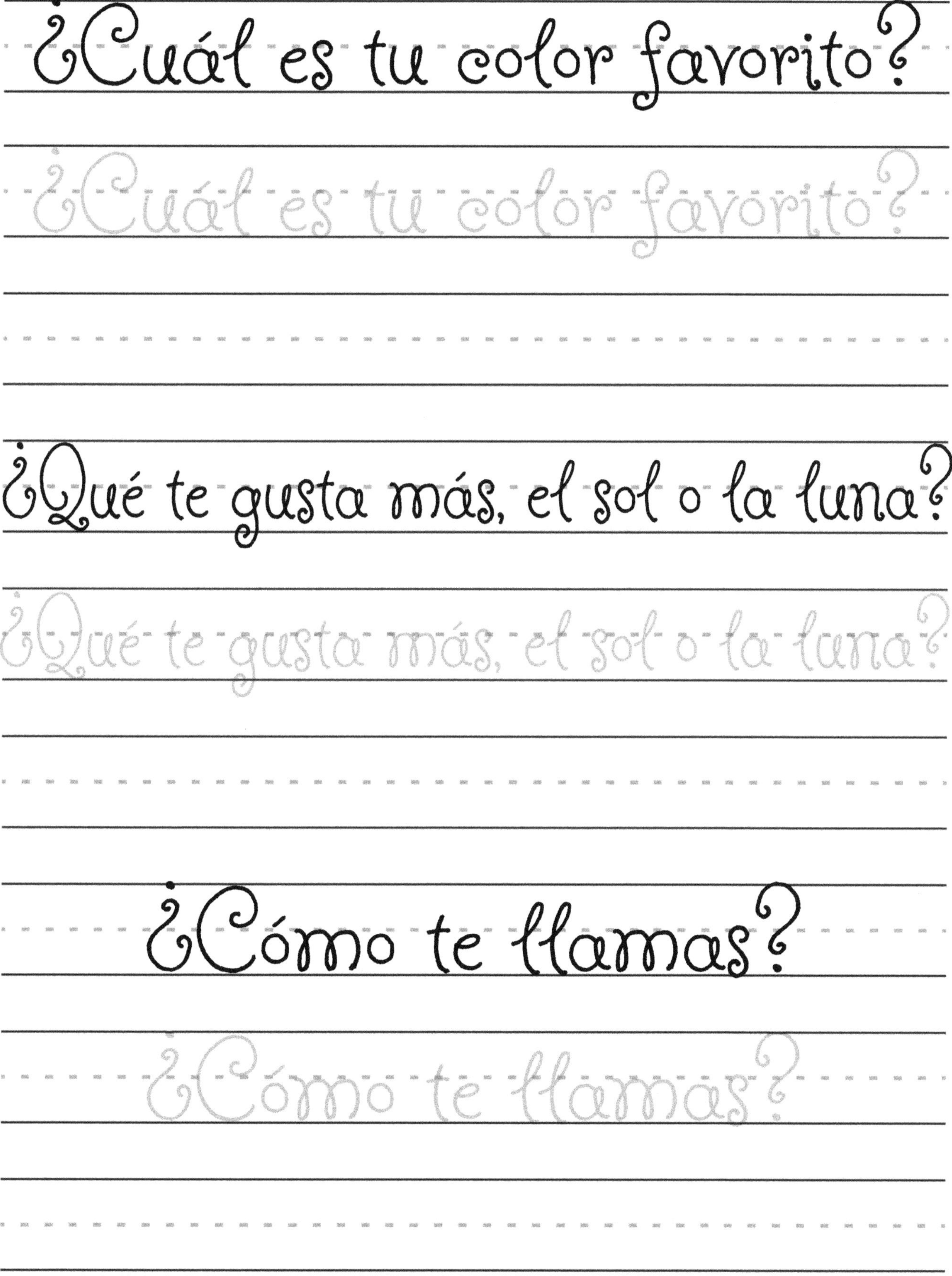
¿Cuál es tu color favorito?
¿Cuál es tu color favorito?
¿Qué te gusta más, el sol o la luna?
¿Qué te gusta más, el sol o la luna?
¿Cómo te llamas?
¿Cómo te llamas?

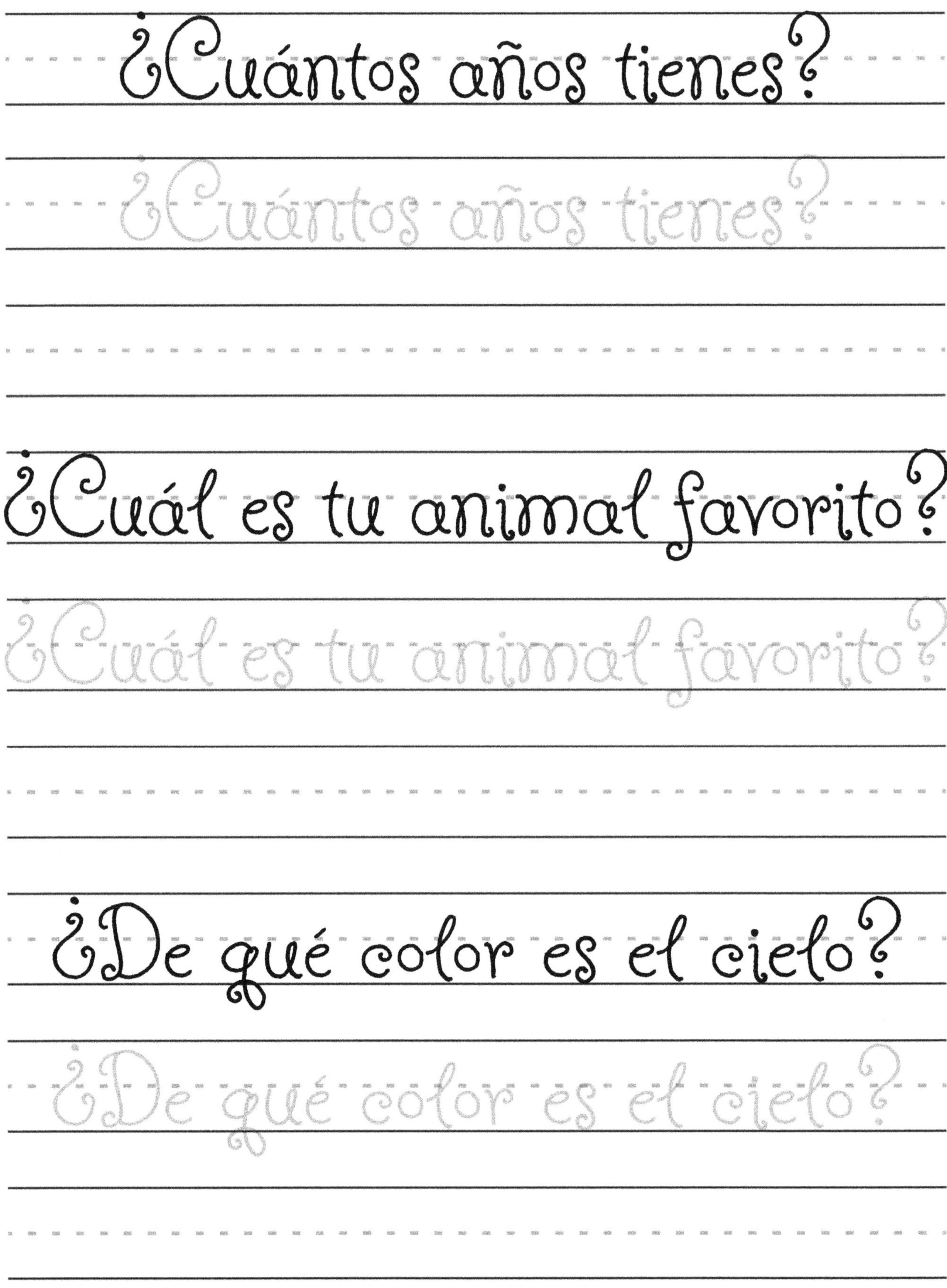
¿Cuántos años tienes?
¿Cuántos años tienes?
¿Cuál es tu animal favorito?
¿Cuál es tu animal favorito?
¿De qué color es el cielo?
¿De qué color es el cielo?

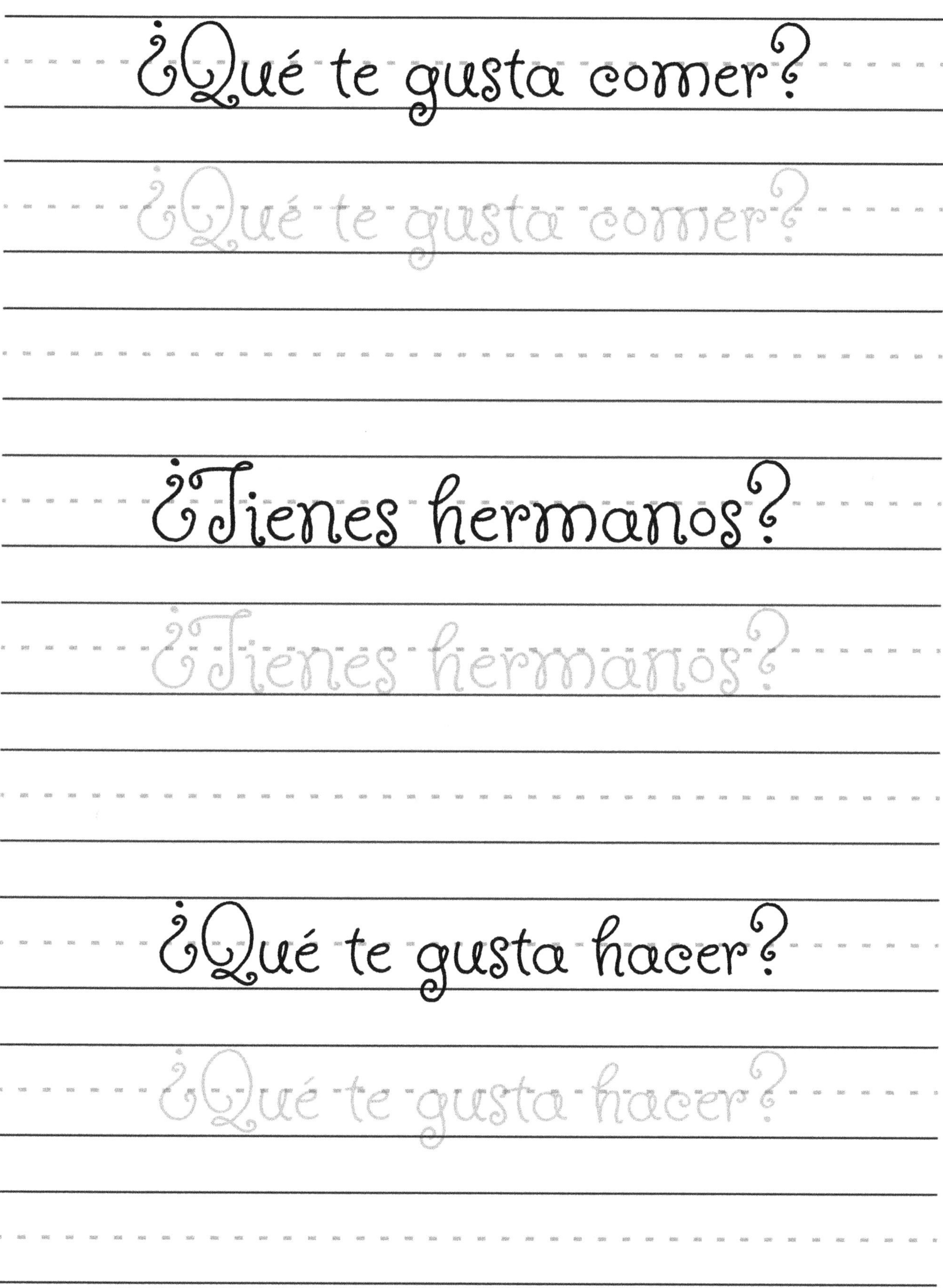
¿Qué te gusta comer?
¿Qué te gusta comer?
¿Tienes hermanos?
¿Tienes hermanos?
¿Qué te gusta hacer?
¿Qué te gusta hacer?

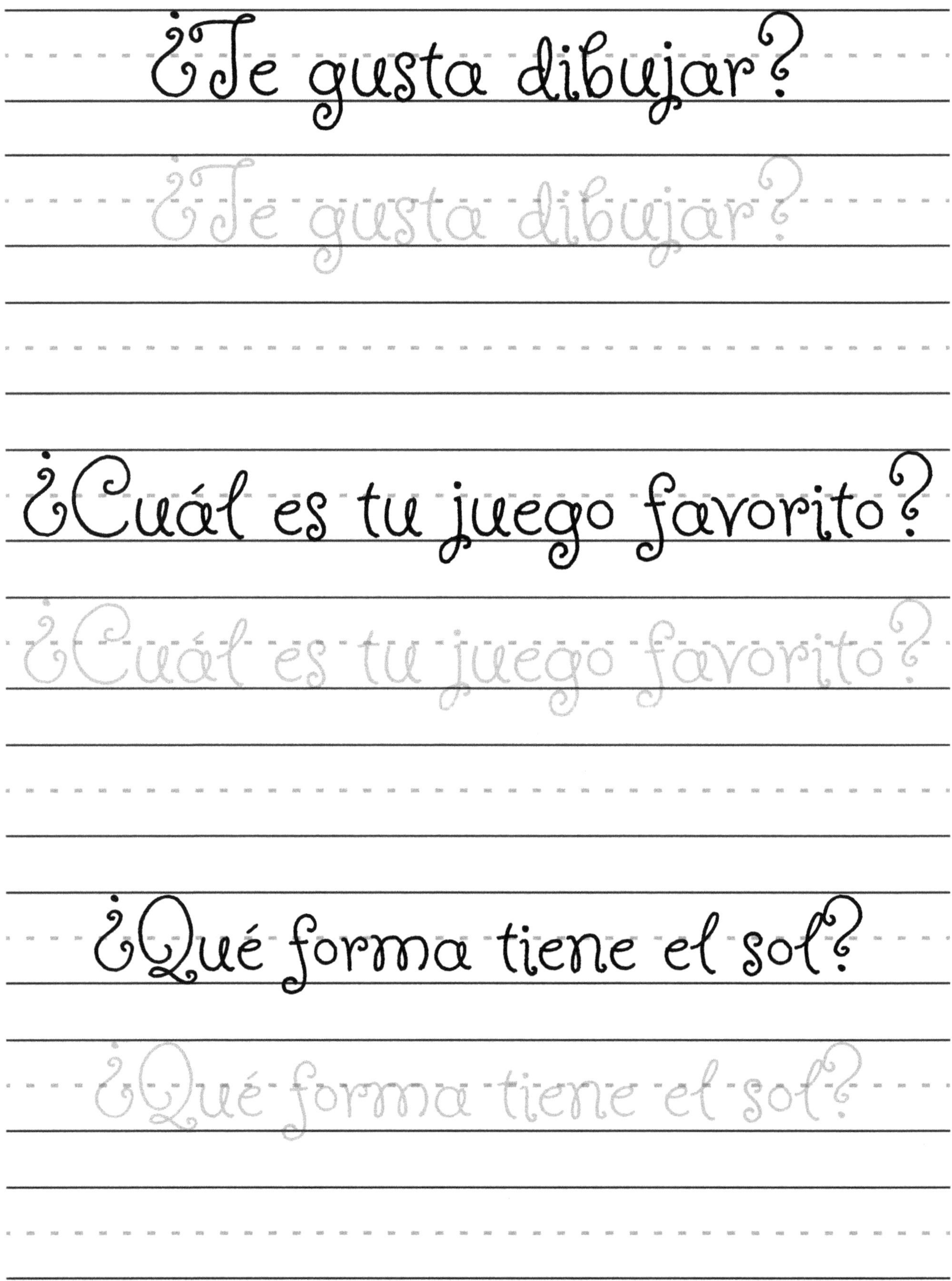
¿Te gusta dibujar?
¿Te gusta dibujar?
¿Cuál es tu juego favorito?
¿Cuál es tu juego favorito?
¿Qué forma tiene el sol?
¿Qué forma tiene el sol?

¿Qué te hace feliz?
¿Qué te hace feliz?
¿Cuál es tu cuento favorito?
¿Cuál es tu cuento favorito?
¿Te gustan los superhéroes?
¿Te gustan los superhéroes?

Diversión Creando Frases: Usa Tu Imaginación

¡Hola, pequeños creadores de palabras! Después de practicar escribiendo palabras y frases, ha llegado el momento de crear algo propio. ¡Es un ejercicio divertido y muy creativo!

En esta sección, os daremos conjuntos de palabras. Vuestro desafío será usar estas palabras para formar vuestras propias frases. ¿Cómo lo haréis? ¡Eso depende de vuestra imaginación!

Combina las Palabras: Mirad las palabras que os damos y pensad en cómo podrían unirse para contar una historia o describir algo.

Crea Tus Propias Frases: No hay respuestas correctas o incorrectas. Lo importante es experimentar y divertirse con las palabras.

Explora y Expresa: Esta actividad es una excelente manera de explorar nuevas ideas y expresar lo que pensáis o sentís.

Recordad, crear vuestras propias frases es una forma maravillosa de practicar la escritura y al mismo tiempo usar vuestra imaginación. ¡Estamos muy emocionados de ver lo que podéis crear!

Primer Conjunto de Palabras

negro, El, es, gato

El gato es negro.

¡Manos a la obra, ahora es tu turno!

tiene, niña, La, una, muñeca

grande, perro, Un, duerme

Segundo conjunto de palabras

pájaros, veo, Yo, tres

Yo veo tres pájaros.

¡Manos a la obra, ahora es tu turno!

sol, brilla, El

come, Mi, manzana, hermano

Tercer conjunto de palabras

animales, los, Amo

Amo los animales.

¡Manos a la obra, ahora es tu turno!

chocolate, Me, gusta, el

cumpleaños, Mi, hoy, es

Cuarto conjunto de palabras

arcoíris, el, Veo

Veo el arcoíris.

¡Manos a la obra, ahora es tu turno!

mariposa, bonita, es, La

estrellas, Las, brillan, noche

Quinto conjunto de palabras

frío, invierno, En, es

En invierno es frío.

¡Manos a la obra, ahora es tu turno!

osito, duerme, El

flores, son, coloridas, Las

Sexto conjunto de palabras

puedes, Tú, todo, lograr

Tú puedes lograr todo

¡Manos a la obra, ahora es tu turno!

sueños, tus, Sigue, siempre

sonríe, para, mañana, Cada, es

Espacio para la Creatividad: Exprésate a Tu Manera

¡Es hora de que brille tu creatividad! En esta sección especial de tu cuaderno, te damos el espacio para ser completamente tú. Aquí puedes escribir tus propias historias, dibujar lo que quieras y dejar volar tu imaginación.

Escribe Tus Propias Historias: ¿Tienes una idea para una aventura emocionante o una historia divertida? ¡Este es el lugar perfecto para escribirla! Usa las palabras que has aprendido y crea tus propios personajes y tramas.

Dibuja y Colorea: Junto a tus historias o en páginas separadas, puedes dibujar lo que quieras. Puede ser algo relacionado con tu historia o simplemente un dibujo que te haga feliz. ¡No hay límites para tu creatividad!

Explora Nuevas Ideas: A veces, una imagen puede inspirar una historia, o una historia puede hacerte pensar en un dibujo. Juega con estas ideas y ve a dónde te llevan.

Recuerda, no hay respuestas correctas o incorrectas en el arte y la escritura creativa. Lo importante es que te diviertas y expreses lo que hay en tu corazón y en tu mente. ¡Estamos emocionados de ver lo que puedes crear!

"El Pequeño Amigo Lunar"

En un pequeño pueblo donde

cada noche era oscura y silenciosa,

vivía un pequeño amigo lunar.

Cada noche salía a pasear,

dejando tras de sí un

rastro de brillo plateado.

Una noche, una niña pequeña

llamada Ada lo vio.

"¿Por qué estás tan solo?" preguntó.

El amigo lunar respondió:

"Me gusta mirar las estrellas,

pero a veces también echo

de menos tener compañía."

Ada decidió ayudarlo. La noche

siguiente, trajo una linterna para

iluminar su camino. Desde

entonces, cada noche se encontraban

para observar juntos las estrellas.

El pueblo nunca volvió

a ser oscuro ni silencioso,

y el pequeño amigo lunar

siempre tenía a alguien con

quien compartir sus

aventuras nocturnas.

"El Jardín Mágico de Lili"

En el jardín de Lili, una pequeña jardinera, crecían flores extraordinarias. Cada mañana, Lili les susurraba palabras de aliento y las flores más altas, brillando con todos los colores del arcoíris. Un día, descubrió que sus

flores podían conceder deseos.
Cuando susurró: "Me gustaría
ver una mariposa",apareció una
mariposa arcoíris y el jardín
se llenó con el
canto de los pájaros.
Lili decidió que el mejor
deseo sería "Quiero que
todos sean felices".

Al día siguiente, todos
en el pueblo se despertaron
con una sonrisa.
Desde ese día, el jardín
de Lili se convirtió
en un lugar mágico
donde la felicidad
florecía cada día.

¡Qué hermosas historias hemos descubierto juntos! Desde el mágico jardín de Lili hasta las increíbles aventuras de otros personajes, cada historia ha sido una oportunidad para explorar un mundo lleno de imaginación y belleza.

Ahora, te invitamos a ti, pequeño escritor, a tomar tu pluma y comenzar tu propia aventura en el arte de la caligrafía. Cada palabra que escribes y cada línea que dibujas es un paso más en tu camino creativo. Recuerda, en la caligrafía, cada letra es importante y cada trazo cuenta una historia.

¿Tienes una idea para una aventura? ¿O quizás una historia sobre tu animal favorito? ¿Qué tal una narración sobre un día especial que viviste? Este es tu momento para brillar. Usa las páginas en blanco que quedan en este cuaderno para practicar tu caligrafía y dar vida a tus propias historias.

Mientras escribes, piensa en cómo cada letra se une para formar palabras, y cómo las palabras se juntan para contar tu historia. Con cada palabra que escribes, te conviertes en un mejor calígrafo y un narrador más creativo.

¡Estamos emocionados de ver lo que crearás! Tus historias y dibujos son únicos, al igual que tú. Sigue practicando, sigue soñando y, sobre todo, sigue escribiendo.

TU PRÁCTICA

TU PRÁCTICA

TU PRÁCTICA

TU PRÁCTICA

TU PRÁCTICA

TU PRÁCTICA

TU PRÁCTICA

TU PRÁCTICA

TU PRÁCTICA

TU PRÁCTICA

TU PRÁCTICA

¡Tu Aventura Continúa!

¡Felicidades, pequeño artista! Has llegado al final de este cuaderno, pero tu aventura con las letras y las palabras apenas comienza.

Recuerda:

Tu imaginación es tu mejor herramienta.

Cada palabra que escribes es mágica.

Tú puedes crear mundos increíbles.

¡Sigue escribiendo y divirtiéndote!

Cada vez que tomas tu lápiz, algo maravilloso está a punto de suceder. Así que sonríe, sueña y sigue creando tus propias historias. ¡No podemos esperar para ver qué maravillas nos mostrarás!

www.ingramcontent.com/pod-product-compliance
Lightning Source LLC
LaVergne TN
LVHW070043070726
842759LV00038B/1122

* 9 7 8 8 3 9 6 9 9 5 1 3 1 *